# Grundwortschatz

# DEUTSCH

# in Bildern

compact

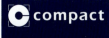

**Bisher sind in dieser Reihe erschienen:**

- Grundwortschatz Deutsch in Bildern
- Grundwortschatz Englisch in Bildern
- Grundwortschatz Französisch in Bildern
- Grundwortschatz Italienisch in Bildern
- Grundwortschatz Spanisch in Bildern

© Compact Verlag GmbH
Baierbrunner Straße 27, 81379 München
Ausgabe 2015
4. Auflage

Alle Rechte vorbehalten. Nachdruck, auch auszugsweise, nur mit ausdrücklicher Genehmigung des Verlages gestattet.

Chefredaktion: Dr. Matthias Feldbaum
Redaktion: Astrid Kaufmann
Produktion: Ute Hausleiter
Illustration: Horst Gebhardt, Doris Weigl
Titelabbildungen: Horst Gebhardt
Gestaltung: satz-studio GmbH
Umschlaggestaltung: X-Design, München

ISBN 978-3-8174-9563-4
381749563/4

www.compactverlag.de

# INHALT

## Der Mensch ............................................. 6
Körper & Gesicht .......................................... 6
Innere Organe ............................................. 8
Gefühle ................................................... 9
Familie .................................................. 10
Feste .................................................... 12
Lebensalter & Beziehungen ................................ 14
Kleidung ................................................. 15
Kleidung & Schuhe ........................................ 16
Accessoires .............................................. 17

## Gesundheit ............................................ 19
Arzt ..................................................... 19
Apotheke ................................................. 20
Krankheiten & Verletzungen ............................... 21

## Notdienste ............................................ 22
Polizei .................................................. 22
Feuerwehr & Notarzt ...................................... 23

## Berufsleben ........................................... 24
Berufe ................................................... 24
Büro ..................................................... 26
Bewerbung ................................................ 28

## Das Haus .............................................. 29
Außenansicht ............................................. 29
Innenansicht ............................................. 30
Wohnzimmer ............................................... 31
Küche .................................................... 32
Badezimmer ............................................... 34
Schlafzimmer ............................................. 36
Haushaltsgegenstände ..................................... 37
Technik .................................................. 38
Werkzeug ................................................. 40

## Essen & Trinken ........ 41
Nahrungsmittel. .......... 41
Getränke ................ 43
Obst & Gemüse ........... 44
Kräuter & Gewürze ........ 46

## In der Stadt ........... 48
Geschäfte ............... 48
Supermarkt .............. 50
Bank .................... 51
Post .................... 52
Marktplatz & Zentrum ..... 53
Imbiss .................. 54

## Verkehr ............... 55
Flughafen ............... 55
Auf der Straße .......... 56
Auto .................... 58
Bahnhof ................. 60
Fahrrad ................. 61

## Freizeit .............. 62
Hobbys .................. 62
Aktivitäten im Freien .... 63
Musik ................... 64
Ausgehen ................ 66
Bar ..................... 67
Restaurant .............. 68

## Unterwegs ............. 70
Reise ................... 70
Camping ................. 71
Hotel ................... 72
Strand .................. 74

## Sport ................. 76
Mannschaftssport ........ 76
Leichtathletik .......... 78

| | |
|---|---|
| Wassersport | 79 |
| Wintersport | 80 |
| Fitnessstudio | 81 |

## Natur — 82

| | |
|---|---|
| Haustiere | 82 |
| Zootiere | 83 |
| Insekten | 84 |
| Bauernhof | 85 |
| Landschaft | 86 |
| Wald | 88 |
| Garten | 90 |
| Jahreszeiten & Wetter | 92 |
| Unter Wasser | 94 |

## Gestalterische Elemente — 95

| | |
|---|---|
| Farben & Muster | 95 |
| Formen & Körper | 96 |

**Abkürzungen:**

| | |
|---|---|
| *f* | feminin |
| *m* | maskulin |
| *n* | neutral |
| *pl* | Plural |
| *od.* | oder |

## Der Mensch: Körper & Gesicht

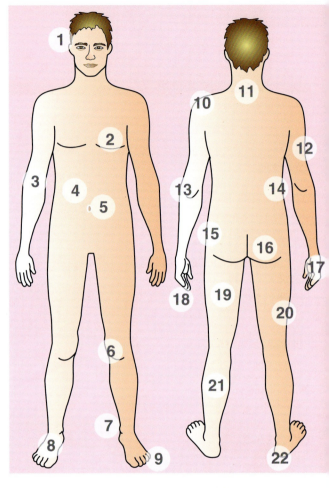

1 **Kopf** m [ˈkɔpf]
2 **Brust** f [ˈbrʊst]
3 **Arm** m [ˈaːrm]
4 **Bauch** m [ˈbaux]
5 **Bauchnabel** m [ˈbauxnaːbl]
6 **Knie** n [ˈkniː]
7 **Knöchel** m [ˈknœçl]
8 **Fuß** m [ˈfuːs]
9 **Zehen** f/pl [ˈtseːən]
10 **Schulter** f [ˈʃʊltɐ]
11 **Nacken** m [ˈnakn]
12 **Oberarm** m [ˈoːbɐaːrm]
13 **Ellenbogen** m [ˈɛlnboːgn]
14 **Taille** f [ˈtaljə]
15 **Hüfte** f [ˈhyftə]
16 **Po** m [ˈpoː]
17 **Hand** f [ˈhant]
18 **Finger** m/pl [ˈfiŋɐ]

Der Mensch: **Körper & Gesicht**

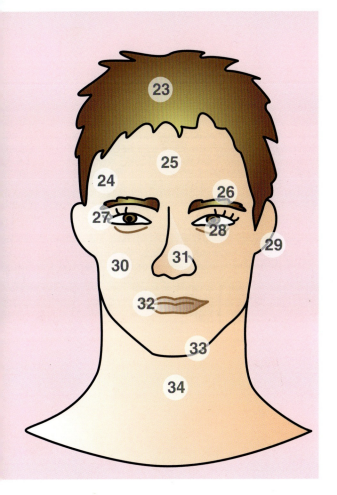

19 **Oberschenkel** *m* [ˈoːbɐʃɛŋkl]
20 **Bein** *n* [ˈbaɪn]
21 **Wade** *f* [ˈvaːdə]
22 **Ferse** *f* [ˈfɛːɐzə]
23 **Haare** *n/pl* [ˈhaːrə]
24 **Schläfe** *f* [ˈʃlɛːfə]
25 **Stirn** *f* [ˈʃtiːɐn]
26 **Augenbraue** *f* [ˈaugnbrauə]
27 **Wimpern** *f/pl* [ˈvɪmpɐn]
28 **Auge** *n* [ˈaugə]
29 **Ohr** *n* [ˈoːɐ]
30 **Wange** *f* [ˈvaŋə]
31 **Nase** *f* [ˈnaːzə]
32 **Mund** *m* [ˈmʊnt]
33 **Kinn** *n* [ˈkɪn]
34 **Hals** *m* [ˈhals]

8 Der Mensch: **Innere Organe**

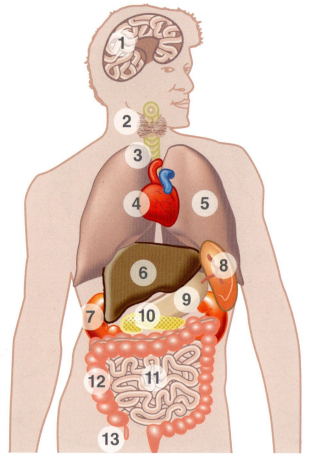

1 **Gehirn** *n* [gəˈhɪrn]

2 **Schilddrüse** *f* [ˈʃɪltdryːzə]

3 **Luftröhre** *f* [ˈlʊftrøːrə]

4 **Herz** *n* [hɛrts]

5 **Lunge** *f* [ˈlʊŋə]

6 **Leber** *f* [ˈleːbɐ]

7 **Niere** *f* [ˈniːrə]

8 **Milz** *f* [ˈmɪlts]

9 **Magen** *m* [ˈmaːgn]

10 **Bauchspeicheldrüse** *f* [ˈbauxʃpaiçldryːzə]

11 **Dünndarm** *m* [ˈdʏndarm]

12 **Dickdarm** *m* [ˈdɪkdarm]

13 **Blinddarm** *m* [ˈblɪntdarm]

1 **glücklich** [ˈglʏklɪç]
2 **Lächeln** *n* [ˈlɛçl̩n]
3 **traurig** [ˈtraurɪç]
4 **Träne** *f* [ˈtrɛːnə]
5 **besorgt** [bəˈzɔrkt]
6 **schüchtern** [ˈʃʏçtɐn]
7 **rot werden** [roːt ˈveːɐdn]
8 **wütend** [ˈvyːtn̩t]
9 **nervös** [nɛrˈvøːs]
10 **Nägel kauen** [ˈnɛːgl̩ ˈkauən]
11 **stolz** [ʃtɔlts]
12 **überrascht** [yːbɐˈraʃt]
13 **begeistert** [bəˈgaɪstɐt]
14 **gelangweilt** [gəˈlaŋvaɪlt]

Der Mensch: **Gefühle** 9

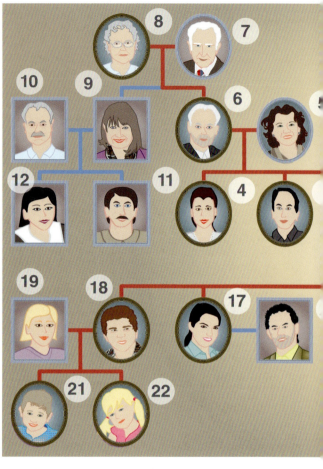

1 **Ehemann** *m* [ˈeːəman]
2 **Ehefrau** *f* [ˈeːəfrau]
3 **Bruder** *m* [ˈbruːdɐ]
4 **Schwester** *f* [ˈʃvɛstɐ]
5 **Mutter** *f* [ˈmʊtɐ]
6 **Vater** *m* [ˈfaːtɐ]
7 **Großvater** *m* [ˈgroːsfaːtɐ]
8 **Großmutter** *f* [ˈgroːsmʊtɐ]
9 **Tante** *f* [ˈtantə]
10 **Onkel** *m* [ˈɔŋkl]
11 **Cousin** *m* [kuˈzɛ̃]
12 **Cousine** *f* [kuˈziːnə]
13 **Schwager** *m* [ˈʃvaːgɐ]
14 **Schwägerin** *f* [ˈʃvɛːgərɪn]

15 **Schwiegermutter** *f* [ˈʃviːgɐmʊtɐ]
16 **Schwiegervater** *m* [ˈʃviːgɐfaːtɐ]
17 **Tochter** *f* [ˈtɔxtɐ]
18 **Sohn** *m* [zoːn]
19 **Schwiegertochter** *f* [ˈʃviːgɐtɔxtɐ]
20 **Schwiegersohn** *m* [ˈʃviːgɐzoːn]
21 **Enkel** *m* [ˈɛŋkl]
22 **Enkelin** *f* [ˈɛŋkəlɪn]
23 **Nichte** *f* [ˈnɪçtə]
24 **Neffe** *m* [ˈnɛfə]

1 **Geburtstag** *m* [gəˈbuːɐtstaːk]

2 **Geburtstagstorte** *f* [gəˈbuːɐtstaːkstɔɐtə]

3 **Geschenk** *n* [gəˈʃɛŋk]

4 **Kerze** *f* [ˈkɛrtsə]

5 **Hochzeit** *f* [ˈhɔxtsait]

6 **Brautpaar** *n* [ˈbrautpaːɐ]

7 **Braut** *f* [braut]

8 **Bräutigam** *m* [ˈbrɔytɪgam]

9 **Brautkleid** *n* [ˈbrautklait]

10 **Hochzeitstorte** *f* [ˈhɔxtsaitstɔɐtə]

11 **Brautstrauß** *m* [ˈbrautʃtraus]

12 **Ehering** *m* [ˈeːərɪŋ]

13 **Kuss** *m* [kʊs]

14 **Ostern** *n* [ˈoːstɐn]

15 **Osterhase** *m* [ˈoːstɐhɐzə]

16 **Osternest** *n* [ˈoːstɐnɛst]

17 **Osterei** *n* [ˈoːstɐai]

18 **Taufe** *f* [ˈtaufə]

19 **Taufbecken** *n* [ˈtaufbɛkn]

20 **Taufkleid** *n* [ˈtaufklait]

21 **Taufkerze** *f* [ˈtaufkɛɐtsə]

22 **Weihnachten** *n* [ˈvainaxtn]

23 **Weihnachtsmann** *m* [ˈvainaxtsman]

24 **Weihnachtsbaum** *m* [ˈvainaxtsbaum]

25 **Silvester** *n* [zɪlˈvɛstɐ]

26 **Sekt** *m* [zɛkt]

27 **Sektglas** *n* [ˈzɛktglaːs]

28 **Feuerwerk** *n* [ˈfɔyɐvɛrk]

29 **Bleigießen** *n* [ˈblaigiːsn]

30 **Fasching/Karneval** *m/m* [ˈfaʃɪŋ/ˈkarnəval]

31 **Kostüm** *n* [kɔsˈtyːm]

32 **Luftschlange** *f* [ˈlʊftʃlaŋə]

1 **Baby** *n* [ˈbeːbi]

2 **Familie** *f* [faˈmiːljə]

3 **Mann** *m* [man]

4 **Frau** *f* [frau]

5 **Junge/Kind** *m/n* [ˈjʊŋə/kɪnt]

6 **Mädchen/Kind** *n/n* [ˈmɛːtçən/kɪnt]

7 **Erwachsener** *m* [ɛɐˈvaksənɐ]

8 **Kleinkind** *n* [ˈklainkɪnt]

9 **Jugendlicher** *m* [ˈjuːgəntlɪçɐ]

10 **Freund** *m* [ˈfrɔynt]

11 **Freundin** *f* [ˈfrɔyndɪn]

12 **Paar** *n* [paːɐ]

13 **Kollege/Kollegin** *m/f* [koˈleːgə/koˈleːgɪn]

14 **Chef/-in** *m/f* [ʃɛf/-ɪn]

Der Mensch: **Kleidung**

1 **Jeans** *f* [ˈdʒiːns]; **Hose** *f* [ˈhoːzə]

2 **Handschuhe** *m/pl* [ˈhantʃuːə]

3 **Mütze** *f* [ˈmytsə]

4 **Schal** *m* [ˈʃaːl]

5 **Anzug** *m* [ˈantsuːk]

6 **Hemd** *n* [ˈhɛmt]

7 **Pullover** *m* [puˈloːvɐ]

8 **Pullunder** *m* [puˈlundɐ]

9 **Krawatte** *f* [kraˈvatə]

10 **Hosenträger** *m/pl* [ˈhoːzntrɛgɐ]

11 **Rollkragenpullover** *m* [rolkraːgnpuloːvɐ]

12 **Badehose** *f* [ˈbaːdəhoːzə]

13 **Strickjacke** *f* [ˈʃtrikjakə]

14 **Fliege** *f* [ˈfliːgə]

15 **Gürtel** *m* [ˈgyːɐtl]

16 **Bikini** *m* [biˈkiːni]

17 **Badeanzug** *m* [ˈbaːdəantsuːk]

18 **Unterhose** *f* [ˈʊntɐhoːzə]

19 **Boxershorts** *f* [ˈbɔksɐʃɔːɐts]

20 **Nachthemd** *n* [ˈnaxthɛmt]

21 **Pyjama** *m* [pyˈdʒaːma]

22 **Morgenmantel** *m* [ˈmɔrgnmantl]

23 **Strumpfhose** *f* [ʃtrʊmpfhoːzə]

1 **T-Shirt** *n* [ˈtiːʃœːɐt]

2 **Bluse** *f* [ˈbluːzə]

3 **Top** *n* [ˈtɔp]

4 **Kleid** *n* [ˈklaɪt]

5 **Shorts** *f* [ˈʃɔːɐts]

6 **Jacke** *f* [ˈjakə]

7 **Rock** *m* [ˈrɔk]

8 **Kostüm** *n* [ˈkɔstyːm]

9 **Poncho** *m* [ˈpɔntʃo]

10 **Regenmantel** *m* [ˈreːgnmantl]

11 **Weste** *f* [ˈvɛstə]

12 **Jackett** *n* [ʒaˈkɛt]

13 **Turnschuhe** *m/pl* [ˈtuɐːnʃuːə]

14 **Pumps** *m/pl* [ˈpømps]

15 **Gummistiefel** *m/pl* [ˈgʊmiʃtiːfl]

16 **Stiefel** *m/pl* [ˈʃtiːfl]

17 **Halbschuhe** *m/pl* [ˈhalpʃuːə]

18 **Socken** *f/pl* [ˈzɔkn]

19 **Trenchcoat** *m* [ˈtrɛnʃkout]

20 **Sandalen** *f/pl* [ˈzandaːln]

21 **Slipper** *m/pl* [ˈslɪpɐ]

22 **Latzhose** *f* [ˈlatshoːzə]

23 **Mantel** *m* [ˈmantl]

1 **Rucksack** *m* [ˈrʊkzak]

2 **Regenschirm** *m* [ˈreːgn̩ʃɪrm]

3 **Reisetasche** *f* [ˈraizetaʃə]

4 **Handtasche** *f* [hanttaʃə]

5 **Geldbörse** *f* [ˈgɛltbœʁzə]

6 **Brille** *f* [ˈbrɪlə]

7 **Brillenetui** *n* [ˈbrɪlnɛtviː]

8 **Sonnenbrille** *f* [ˈzɔnənbrɪlə]

9 **Manschettenknöpfe** *m/pl* [manˈʃɛtnknœpfə]

10 **Krawattennadel** *f* [kraˈvatnaːdl]

11 **Armbanduhr** *f* [ˈarmbantuːʁ]

12 **Zeiger** *m* [ˈtsaigʁ]

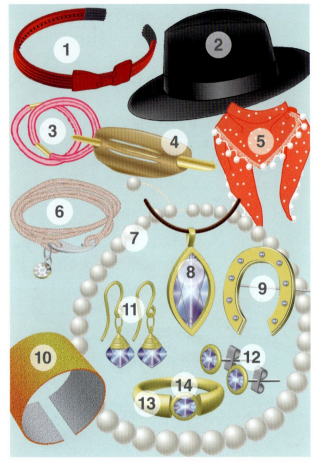

1 **Haarreif** *m* [ˈhaːɐraif]
2 **Hut** *m* [huːt]
3 **Haargummis** *m/pl* [ˈhaːɐgumis]
4 **Haarspange** *f* [ˈhaːɐʃpaŋə]
5 **Halstuch** *n* [ˈhalstuːx]
6 **Armband** *n* [ˈarmbant]
7 **Halskette** *f* [ˈhalskɛtə]
8 **Anhänger** *m* [ˈanhɛŋɐ]
9 **Brosche** *f* [ˈbrɔʃə]
10 **Armreif** *m* [ˈarmraif]
11 **Ohrringe** *m/pl* [ˈoːɐrɪŋə]
12 **Ohrstecker** *m/pl* [ˈoːɐʃtɛkɐ]
13 **Ring** *m* [rɪŋ]
14 **Diamant** *m* [diaˈmant]

1 **Röntgenschirm** *m* [ˈrœntgnʃɪrm]

2 **Verband** *m* [fɛɐˈbant]

3 **Patient/-in** *m/f* [paˈtsiɛnt/-ɪn]

4 **Arzt/Ärztin** *m/f* [aːɐtst/ˈɛːɐtstɪn]

5 **Impfpass** *m* [ˈɪmpfpas]

6 **Behandlungszimmer** *n* [bəˈhandlʊŋstsɪmɐ]

7 **Wartezimmer** *n* [ˈvartetsɪmɐ]

8 **Rezept** *n* [reˈtsɛpt]

9 **Stethoskop** *n* [ʃtetoˈskoːp]

10 **Gips** *m* [gɪps]

11 **Spritze** *f* [ˈʃprɪtsə]

12 **Blutdruckmessgerät** *n* [ˈbluːtdrʊkmɛsgərɛːt]

13 **Halskrause** *f* [halsˈkrauzə]

14 **Computertomograf** *m* [kɔmˈpjuːtɐtomograːf]

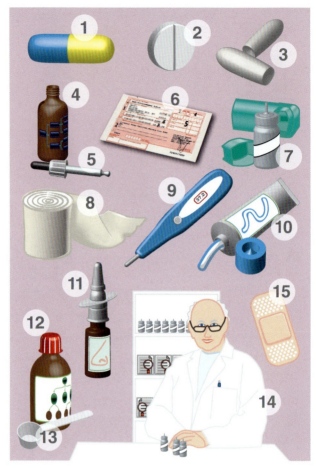

1 **Kapsel** *f* [ˈkapsl]

2 **Tablette** *f* [taˈblɛtə]

3 **Zäpfchen** *n/pl* [ˈtsɛpfçən]

4 **Tropfen** *m/pl* [ˈtrɔpfn]

5 **Pipette** *f* [piˈpɛtə]

6 **Rezept** *n* [reˈtsɛpt]

7 **Asthmaspray** *m* [ˈastmaʃpreː]

8 **Verband** *m* [fɛɐˈbant]

9 **Fieberthermometer** *n* [ˈfiːbɐtɛrmometɐ]

10 **Salbe** *f* [ˈzalbə]

11 **Nasenspray** *m* [ˈnaːznʃpreː]

12 **Saft** *m* [zaft]

13 **Messlöffel** *m* [ˈmɛslœfl]

14 **Apotheker/-in** *m/f* [apoˈteːkɐ/-ərɪn]

15 **Pflaster** *n* [ˈpflastɐ]

1 **Fieber** *n* [ˈfiːbɐ]

2 **Bauchschmerzen** *m/pl* [ˈbauxʃmɛrtsn]

3 **Kopfschmerzen** *m/pl* [ˈkɔpfʃmɛrtsn]

4 **Übelkeit** *f* [ˈyːblkait]

5 **Zahnschmerzen** *m/pl* [ˈtsaːnʃmɛrtsn]

6 **Schnupfen** *m* [ˈʃnʊpfn]

7 **Halsschmerzen** *m/pl* [ˈhalsʃmɛrtsn]

8 **Husten** *m* [ˈhuːstn]

9 **Heuschnupfen** *m* [ˈhɔyʃnʊpfn]

10 **Schnittwunde** *f* [ˈʃnɪtvʊndə]

11 **Bisswunde** *f* [ˈbɪsvʊndə]

12 **Insektenstich** *m* [ɪnˈzɛktnʃtɪç]

13 **Verbrennung** *f* [fɛɐˈbrɛnʊŋ]

14 **Bruch** *m* [brʊx]

1 **Polizeiwache** f [poliˈtsaivaxə]
2 **Blaulicht** n + **Sirene** f
 [ˈblaulɪçt] + [ziˈreːnə]
3 **Pistole** f [pɪsˈtoːlə]
4 **Polizist/-in** m/f [poliˈtsɪst/-ɪn]
5 **Uniform** f [uniˈfɔrm]
6 **Handschellen** f/pl [ˈhantʃɛln]
7 **Polizeiauto** n [poliˈtsaiauto]
8 **Verkehrsunfall** m
 [fɐˈkɛːɐsʊnfal]
9 **Diebstahl** m [ˈdiːpʃtaːl]
10 **Zeuge/Zeugin** m/f
 [ˈtsɔygə/ˈtsɔygɪn]
11 **Täter** m [ˈtɛːtɐ]
12 **Opfer** n [ˈɔpfɐ]

1 **Brand** *m* [brant]

2 **Feuerwehrleiter** *f* [ˈfɔyɐveːɐlaitɐ]

3 **Feuertreppe** *f* [ˈfɔyɐtrɛpə]

4 **Löschfahrzeug** *n* [ˈlœʃfaːtsɔyk]

5 **Feuerwache** *f* [ˈfɔyɐvaxə]

6 **Sprungtuch** *n* [ˈʃprʊŋtuːx]

7 **Schlauch** *m* [ʃlaux]

8 **Hydrant** *m* [hyˈdrant]

9 **Schutzhelm** *m* [ˈʃʊtshelm]

10 **Feuerwehrmann** *m* [ˈfɔyɐvɛːɐman]

11 **Atemschutzmaske** *f* [ˈaːtəmʃʊtsmaskə]

12 **Krankenwagen** *m* [ˈkraŋknvaːgn]

13 **Trage** *f* [ˈtraːgə]

14 **Notarzt** *m* [ˈnotaːɐtst]

15 **Verletzte/-r** *f/m* [fɐˈletstə/ fɐˈletstɐ]

16 **Rettungsdecke** *f* [ˈrɛtʊŋsdɛkə]

24 Berufsleben: **Berufe**

1 **Arzt/Ärztin** *m/f* [aːɐtst/ˈɛɐtstɪn]

2 **Krankenpfleger/Krankenschwester** *m/f* [ˈkraŋknpfleːgɐ/ˈkraŋknʃvɛstɐ]

3 **Journalist/-in** *m/f* [ʒʊrnaˈlɪst/-ɪn]

4 **Fleischer/-in** *m/f* [ˈflaiʃ-ɐ/-ərɪn]

5 **Ingenieur/-in** *m/f* [ɪnʒeˈniøː-ɐ/-rɪn]

6 **Anwalt/Anwältin** *m/f* [ˈanvalt/ˈanvɛltɪn]

7 **Klempner/-in** *m/f* [ˈklɛmpn-ɐ/-ərɪn]

8 **Mechaniker/-in** *m/f* [meˈçaːnɪk-ɐ/-ərɪn]

9 **Landwirt/-in** *m/f* [ˈlantvɪrt/-ɪn]

10 **Gärtner/-in** *m/f* [ˈgɛrtn-ɐ/-ərɪn]

11 **Lehrer/-in** *m/f* [ˈleːr-ɐ/-ərɪn]

12 **Bäcker/-in** *m/f* [ˈbɛk-ɐ/-ərɪn]

13 **Koch/Köchin** *m/f* [kɔx/ˈkœçın]

14 **Verkäufer/-in** *m/f* [fɛɐˈkɔyf-ɐ/-ərın]

15 **Immobilienmakler/-in** *m/f* [ımoˈbiːliənmɐːkl-ɐ/-ərın]

16 **Architekt/-in** *m/f* [arçiˈtɛkt/-ın]

17 **Friseur/-in** *m/f* [friˈzøː-ɐ/-rın]

18 **Maurer/-in** *m/f* [maur-ɐ/-ərın]

19 **Schreiner/-in** *m/f* [ˈʃrain-ɐ/-ərın]

20 **Elektriker/-in** *m/f* [eˈlɛktrik-ɐ/-ərın]

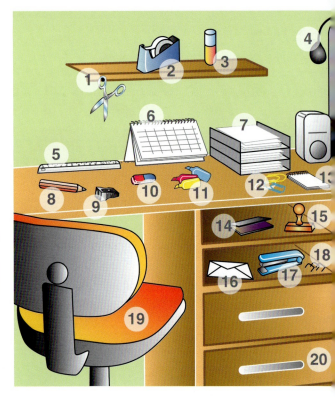

1 **Schere** *f* [ˈʃeːrə]

2 **Klebeband** *n* [ˈkleːbəbant]

3 **Klebestift** *m* [ˈkleːbəʃtɪft]

4 **Kopfhörer** *m* [ˈkɔpfhørɐ]

5 **Lineal** *n* [ˈlineaːl]

6 **Terminkalender** *m* [tɛːɐˈmiːnkalɛndɐ]

7 **Papier** *n* [paˈpiːɐ]

8 **Bleistift** *m* [ˈblaɪʃtɪft]

9 **Anspitzer** *m* [ˈanʃpɪtsɐ]

10 **Radiergummi** *m* [raˈdiːɐgʊmi]

11 **Textmarker** *m* [ˈtɛkstmaːrkɐ]

12 **Büroklammer** *f* [byˈroːklamɐ]

13 **Notizblock** *m* [noˈtiːtsblɔk]

14 **Stempelkissen** *n* [ˈʃtɛmplkɪsn]

15 **Stempel** *m* [ˈʃtɛmpl]

16 **Briefumschlag** *m* [ˈbriːfʊmʃlaːk]

17 **Hefter** *m* [ˈhɛftɐ]

18 **Heftklammer** *f* [ˈhɛftklamɐ]

19 **Schreibtischstuhl** *m* [ˈʃraɪptɪʃ]

20 **Schublade** *f* [ˈʃuːplaːdə]

21 **Webcam** *f* [wɛpˈkɛːm]

22 **Monitor** *m* [ˈmonitoːɐ]
23 **Lautsprecher** *m* [ˈlautʃprɛçɐ]
24 **Scanner** *m* [ˈskɛnɐ]
25 **Taschenrechner** *m* [ˈtaʃnrɛçnɐ]
26 **USB-Stick** *m* [uːɛsˈbeːstɪk]
27 **Kugelschreiber** *m* [ˈkuːglʃraibɐ]
28 **Tastatur** *f* [tastaˈtʊːɐ]
29 **Maus** *f* [maʊs]
30 **Mauspad** *n* [ˈmauspɛt]
31 **Drucker** *m* [ˈdrʊkɐ]
32 **Locher** *m* [ˈlɔxɐ]
33 **Joystick** *m* [ˈdʒɔistɪk]
34 **CD-Laufwerk** *n* [tseːˈdeːlaufvɛːɐk]
35 **CD** *f* [tseːˈdeː]
36 **Schreibtisch** *m* [ˈʃraɪptɪʃ]
37 **Computer** *m* [kɔmˈpjuːtɐ]
38 **DVD-Laufwerk** *n* [deːfauˈdeːlaufvɛːɐk]
39 **Ordner** *m* [ˈɔːɐtnɐ]

1 **Lebenslauf** *m* [ˈleːbnslauf]
2 **Anschreiben** *n* [ˈanʃraibn]
3 **Zeugnis** *n* [ˈtsɔyknɪs]
4 **Stellenanzeige** *f* [ˈʃtɛlənantsaigə]
5 **Bewerbungsfoto** *n* [bəˈvɛrbuŋsfoːto]
6 **Onlinebewerbung** *f* [ˈɔnlainbəvɛrbuŋ]
7 **Gehalt** *n* [gəˈhalt]
8 **IT-Kenntnisse** *f/pl* [aɪˈtiːkɛntnɪsə]
9 **Fremdsprachenkenntnisse** *f/pl* [ˈfrɛmtʃpraːxnkɛntnɪsə]
10 **Termin** *m* [tɛrˈmiːn]
11 **Teilzeit** *f* [ˈtailtsait]
12 **Vollzeit** *f* [ˈfɔltsait]
13 **Bewerbungsgespräch** *n* [bəˈvɛrbuŋsgəʃprɛːç]
14 **Bewerbungsmappe** *f* [bəˈvɛrbuŋsmapə]

1 **Schornstein** *m* [ˈʃɔːɐnʃtaɪn]

2 **Antenne** *f* [anˈtɛnə]

3 **Gaube** *f* [ˈgaubə]

4 **Dach** *n* [ˈdax]

5 **Balkon** *m* [balˈkoːn]

6 **Fenster** *n* [ˈfɛnstɐ]

7 **Wand** *f* [ˈvant]

8 **Fensterladen** *m* [ˈfɛnstɐlaːdn]

9 **Garage** *f* [gaˈraːʒə]

10 **Klingel** *f* [ˈklɪŋl]

11 **Haustür** *f* [ˈhaustyːɐ]

12 **Pflanze** *f* [ˈpflantsə]

13 **Terrasse** *f* [tɛˈrasə]

14 **Sonnenschirm** *m* [ˈzɔnənʃiːɐm]

15 **Garten** *m* [ˈgaːrtn]

16 **Kellerfenster** *n* [ˈkɛlɐfɛnstɐ]

17 **Treppe** *f* [ˈtrɛpə]

18 **Geländer** *n* [gəˈlɛndɐ]

19 **Blumenbeet** *n* [ˈbluːmnbeːt]

20 **Hecke** *f* [ˈhɛkə]

21 **Gartentor** *n* [ˈgaːrtntɔːɐ]

22 **Zaun** *m* [ˈtsaun]

1 **Dachboden** *m* [ˈdaxboːdn]

2 **Wohnzimmer** *n* [ˈvoːntsɪmɐ]

3 **Arbeitszimmer** *n* [ˈarbaitstsɪmɐ]

4 **Schlafzimmer** *n* [ˈʃlaːftsɪmɐ]

5 **Treppe** *f* [ˈtrɛpə]

6 **Esszimmer** *n* [ˈɛstsɪmɐ]

7 **Zimmertür** *f* [ˈtsɪmɐtyːɐ]

8 **Flur** *m* [fluːɐ]

9 **Abstellkammer** *f* [abˈʃtɛlˈkamɐ]

10 **Küche** *f* [ˈkʏçə]

11 **Diele** *f* [ˈdiːlə]

12 **Badezimmer** *n* [ˈbaːdətsɪmɐ]

13 **Kinderzimmer** *n* [ˈkɪndɐtsɪmɐ]

14 **Fenster** *n* [ˈfɛnstɐ]

15 **Haustür** *f* [ˈhaustyːɐ]

16 **Keller** *m* [ˈkɛlɐ]

1 **Lampe** *f* [ˈlampə]

2 **Glühbirne** *f* [ˈgly:biʁnə]

3 **Vase** *f* [ˈva:zə]

4 **Bild** *n* [bilt]

5 **Vorhang** *m* [ˈfɔ:ɐhaŋ]

6 **Bücherregal** *n* [ˈby:çɐrega:l]

7 **Steckdose** *f* [ˈʃtɛkdo:zə]

8 **Fernseher** *m* [ˈfɛ:ɐnze:ɐ]

9 **Sofa** *n* [ˈzo:fa]

10 **Stereoanlage** *f* [ˈʃtereoanla:gə]

11 **Fernbedienung** *f* [ˈfe:ɐnbədi:nʊŋ]

12 **Buch** *n* [bu:x]

13 **DVD-Player** *m* [ˈde:faude:plɛjɐ]

14 **Zeitung** *f* [ˈtsaitʊŋ]

15 **Sessel** *m* [ˈzɛsl]

16 **Kerze** *f* [ˈkɛ:ɐtsə]

17 **Kerzenständer** *m* [ˈke:ɐtsnʃtɛndɐ]

18 **Tisch** *m* [tɪʃ]

19 **Stuhl** *m* [ʃtu:l]

20 **Couchtisch** *m* [ˈkaʊtʃtɪʃ]

21 **Streichhölzer** *n/pl* [ˈʃtraɪçhœltsɐ]

22 **Zeitschrift** *f* [ˈtsaitʃrɪft]

1 **Salatschleuder** *f* [zaˈlaːtʃloidɐ]

2 **Mikrowelle** *f* [ˈmiːkrovɛlə]

3 **Kühlschrank** *m* [ˈkyːlʃraŋk]

4 **Gefrierschrank** *m* [gəˈfriːɐʃraŋk]

5 **Pfannenwender** *m* [ˈpfanənvɛndɐ]

6 **Korkenzieher** *m* [ˈkɔːɐkntsiːɐ]

7 **Schneebesen** *m* [ˈʃneːbeːzn]

8 **Dosenöffner** *m* [ˈdoːznœfnɐ]

9 **Pfanne** *f* [ˈpfanə]

10 **Sieb** *n* [ˈziːp]

11 **Salatschüssel** *f* [zaˈlaːtʃysl]

12 **Salatbesteck** *n* [ˈzalaːtbəʃtɛk]

13 **Suppenkelle** *f* [ˈzʊpnkɛlə]

14 **Kochlöffel** *m* [ˈkɔxlœfl]

15 **Spüle** *f* [ˈʃpyːlə]

16 **Flaschenöffner** *m* [ˈflaʃnœfnɐ]

17 **Spülmittel** *n* [ˈʃpyːlmitl]

18 **Schwamm** *m* [ˈʃvam]

19 **Spülmaschine** *f* [ˈʃpyːlmaʃiːnə]

20 **Mülleimer** *m* [ˈmylaɪmɐ]

21 **Dose** *f* [ˈdoːzə]

22 **Tablett** *n* [taˈblɛt]

23 **Flasche** *f* [ˈflaʃə]

24 **Becher** m [ˈbɛçɐ]
25 **Eierbecher** m [ˈaiɐbɛçɐ]
26 **Reibe** f [ˈraɪbə]
27 **Topflappen** m [ˈtɔpflapn]
28 **Kaffeemaschine** f [ˈkafeːmaʃiːnə]
29 **Toaster** m [ˈtoːstɐ]
30 **Herd** m [hɛːɐt]
31 **Topf** m [tɔpf]
32 **Deckel** m [ˈdɛkl]
33 **Backofen** m [ˈbakoːfn]
34 **Tasse** f [ˈtasə]
35 **Untertasse** f [ˈʊntɐtasə]
36 **Glas** n [glaːs]
37 **Weinglas** n [ˈvaɪnglaːs]
38 **Schüssel** f [ˈʃysl]
39 **Suppenteller** m [ˈzʊpntɛlɐ]
40 **Teller** m [ˈtɛlɐ]
41 **Teelöffel** m [ˈteːlœfl]
42 **Gabel** f [ˈgaːbl]
43 **Messer** n [ˈmɛsɐ]
44 **Löffel** m [ˈlœfl]
45 **Kuchen** m [ˈkuːxn]

1 **Spiegel** m [ˈʃpiːgl]
2 **Zahnbürste** f [ˈtsaːnbyːɐstə]
3 **Brause** f [ˈbrauzə]
4 **Zahnputzbecher** m [ˈtsaːnpʊtsbɛçɐ]
5 **Zahnpasta** f [ˈtsaːnpasta]
6 **Toilettenpapier** n [toˈlɛtnpapiːɐ]
7 **Bürste** f [ˈbyːɐstə]
8 **Kamm** m [kam]
9 **Duschvorhang** m [ˈduːʃfɔːɐhaŋ]
10 **Seife** f [ˈzaɪfə]
11 **Wasserhahn** m [ˈvasɐhaːn]
12 **Waschbecken** n [ˈvaʃbɛkn]
13 **Duschgel** n [ˈduːʃgeːl]
14 **Toilette** f [toˈlɛtə]
15 **Klobürste** f [ˈkloːbyːɐstə]
16 **Stöpsel** m [ˈʃtœpsl]
17 **Dusche** f [ˈduːʃə]

18 **Badezimmerteppich** *m* [ˈbaːdətsimɐtɛpiç]
19 **Waage** *f* [ˈvaːgə]
20 **Fliese** *f* [ˈfliːzə]
21 **Nagelschere** *f* [ˈnaːglʃeːrə]
22 **Nagelfeile** *f* [ˈnaːglfaɪlə]
23 **Creme** *f* [kreːm]
24 **Shampoo** *n* [ˈʃampu]
25 **Rasierer** *m* [ˈraziːrɐ]
26 **Wäschetrockner** *m* [ˈvɛʃətrɔknɐ]
27 **Föhn** *m* [føːn]
28 **Handtuch** *n* [ˈhantuːx]
29 **Badewanne** *f* [ˈbaːdəvanə]
30 **Waschmaschine** *f* [ˈvaʃmaʃiːnə]
31 **Quietscheente** *f* [ˈkviːtʃəɛntə]
32 **Waschlappen** *m* [ˈvaʃlapn]

1 **Kleiderbügel** *m* [ˈklaɪdɐbyːgl]

2 **Kleiderschrank** *m* [ˈklaɪdɐʃraŋk]

3 **Wecker** *m* [ˈvɛkɐ]

4 **Telefon** *n* [ˈteːləfoːn]

5 **Nachttischlampe** *f* [ˈnaxtɪʃlampə]

6 **Kommode** *f* [ˈkomoːdə]

7 **Kissen** *n* [ˈkɪsn]

8 **Bettdecke** *f* [ˈbɛtdɛkə]

9 **Nachttisch** *m* [ˈnaxtɪʃ]

10 **Matratze** *f* [maˈtratsə]

11 **Bett** *n* [bɛt]

12 **Teppich** *m* [ˈtɛpiç]

Das Haus: **Haushaltsgegenstände**

1 **Kehrschaufel** f [ˈkɛːɐʃaufl]
2 **Putzlappen** m [ˈpʊtslapn]
3 **Staubwedel** m [ˈʃtaupveːdl]
4 **Besen** m [ˈbeːzn]
5 **Handfeger** m [ˈhantfeːgɐ]
6 **Bügelbrett** n [ˈbyːglbrɛt]
7 **Bügeleisen** n [ˈbyːglaɪzn]
8 **Eimer** m [ˈaɪmɐ]
9 **Bürste** f [ˈbyːɐstə]
10 **Mopp** m [ˈmɔp]
11 **Staubsauger** m [ˈʃtaupzaugɐ]
12 **Fensterleder** n [ˈfɛnstɐleːdɐ]

1 **Stereoanlage** *f* [ˈʃteːreoanlaːɡə]

2 **Box** *f* [bɔks]

3 **Handy/Smartphone** *n/n* [ˈhɛndi/ˈsmaːtfoʊn]

4 **CD** *f* [tseːˈdeː]

5 **Schallplattenspieler** *m* [ˈʃalplatn̩ʃpiːlɐ]

6 **Schallplatte** *f* [ˈʃalplatə]

7 **MP3-Player** *m* [empeːˈdraipleːɐ]

8 **Kopfhörer** *m* [ˈkɔpfhøːrɐ]

9 **DVD** *f* [deːfauˈdeː]

10 **DVD-Player** *m* [deːfauˈdeːpleːɐ]

11 **Fernseher** *m* [ˈfɛrnzeːɐ]

12 **Fernbedienung** *f* [ˈfɛrnbediːnuŋ]

13 **Telefon** *n* [ˈteːləfoːn]

14 **Spiegelreflexkamera** *f* [ˈʃpiːɡlreflɛkskaməra]

15 **Objektiv** *n* [ɔpjɛkˈtiːf]

16 **Stativ** *n* [ʃtaˈtiːf]

17 **Akku** *m* [ˈaku]

18 **Ladegerät** *n* [ˈlaːdəgərɛːt]

19 **Digitalkamera** *f* [digiˈtaːlkaməra]

20 **Speicherkarte** *f* [ˈʃpaiçɐkartə]

21 **externe Festplatte** *f* [ɛksˈtɛrnə fɛstˈplatə]

22 **Laptop** *m* [ˈlɛptɔp]

23 **USB-Stick** *m* [uːɛsˈbeːʃtɪk]

24 **USB-Kabel** *n* [uːɛsˈbeːkaːbl]

25 **Drucker** *m* [ˈdrʊkɐ]

26 **Bildschirm** *m* [ˈbɪltʃɪrm]

27 **Computer** *m* [kɔmˈpjuːtɐ]

28 **Lautsprecher** *m* [ˈlautʃprɛçɐ]

29 **Tastatur** *f* [tastaˈtuːɐ]

30 **Maus** *f* [maus]

1 **Hammer** *m* [ˈhamɐ]
2 **Farbroller** *m* [ˈfaːrprɔlɐ]
3 **Nagel** *m* [ˈnaːgl]
4 **Bohrmaschine** *f* [ˈboːɐmaʃiːnə]
5 **Säge** *f* [ˈzɛːgə]
6 **Leiter** *f* [ˈlaɪtɐ]
7 **Schraubenzieher** *m* [ˈʃraubntsiːɐ]
8 **Zange** *f* [ˈtsaŋə]
9 **Schnur** *f* [ʃnuːɐ]
10 **Inbusschlüssel** *m* [ˈinbʊsʃlysl]
11 **Schraube** *f* [ˈʃraubə]
12 **Mutter** *f* [ˈmʊtɐ]
13 **Akku-Schrauber** *m* [ˈakuʃraubɐ]
14 **Schraubenschlüssel** *m* [ˈʃraubnʃlysl]
15 **Feile** *f* [ˈfaɪlə]
16 **Pinsel** *m* [ˈpɪnzl]
17 **Taschenlampe** *f* [ˈtaʃnlampə]
18 **Teppichmesser** *n* [ˈtɛpiçmɛsɐ]
19 **Tapeziertisch** *m* [tapəˈtsiːɐtɪʃ]
20 **Maßband** *n* [ˈmaːsbant]
21 **Malerbürste** *f* [ˈmaːlɐbyːɐstə]
22 **Zollstock** *m* [ˈtsɔlʃtɔk]

1 **Ei** *n* [ai]

2 **Honig** *m* [ˈhoːnɪç]

3 **Milch** *f* [ˈmɪlç]

4 **Essig** *m* [ˈɛsɪç]

5 **Öl** *n* [øːl]

6 **Reis** *m* [raɪs]

7 **Mehl** *n* [meːl]

8 **Salz** *n* [zalts]

9 **Käse** *m* [ˈkɛːzə]

10 **Butter** *f* [ˈbʊtɐ]

11 **Wurst** *f* [ˈwʊːɐst]

12 **Marmelade** *f* [ˈmarməlaːdə]

13 **Nudeln** *f/pl* [ˈnuːdln]

14 **Brot** *n* [broːt]

15 **Brötchen** *n* [ˈbrøːtçn]

16 **Pfeffer** *m* [ˈpfɛfɐ]

17 **Zucker** *m* [ˈtsʊkɐ]

18 **Fleisch** *n* [flaɪʃ]

19 **Fisch** *m* [fɪʃ]

20 **Joghurt** *m* [ˈjoːgʊːɐt]

## Essen & Trinken: Nahrungsmittel

1 **Quark** m [kvark]
2 **Mayonnaise/Majonäse** f [majɔˈneːzə]
3 **Ketchup/Ketschup** m od. n [ˈkɛtʃap]
4 **Sahne** f [ˈzaːnə]
5 **Margarine** f [margaˈriːnə]
6 **Frischkäse** m [ˈfrɪʃkɛːzə]
7 **Camembert** m [ˈkaməmbeːɐ]
8 **Honig** m [ˈhoːnɪç]
9 **Oliven** f/pl [oˈliːvn]
10 **Bonbons** n/pl [bɔŋˈbɔŋs]
11 **Chips** m/pl [tʃɪps]
12 **Keks** m [keːks]
13 **Kuchen** m [ˈkuːxn]
14 **Müsli** n [ˈmyːsli]
15 **Schokolade** f [ʃokoˈlaːdə]
16 **Nüsse** f/pl [ˈnʏsə]
17 **Kapern** f/pl [ˈkaːpɐn]

1 **Mineralwasser** *n* [mineˈraːlvasɐ]
2 **Milch** *f* [mɪlç]
3 **Kakao** *m* [kaˈkaʊ]
4 **Cola** *n* od. *f* [ˈkoːla]
5 **Orangensaft** *m* [oˈraːʒnzaft]
6 **Limonade** *f* [limoˈnaːdə]
7 **Apfelsaft** *m* [ˈapfəlzaft]
8 **Rotwein** *m* [ˈroːtvaɪn]
9 **Sekt** *m* [zɛkt]
10 **Weißwein** *m* [ˈvaɪsvaɪn]
11 **Bier** *n* [biːɐ]
12 **Tee** *m* [teː]
13 **Kaffee** *m* [ˈkafe]

Essen & Trinken: **Getränke**

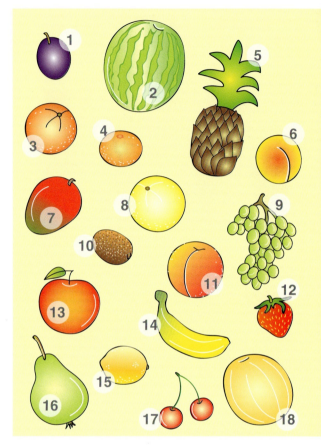

1 **Pflaume** *f* [ˈpflaumə]

2 **Wassermelone** *f* [ˈwasɐməloːnə]

3 **Orange** *f* [oˈrãːʒə]

4 **Mandarine** *f* [mandaˈriːnə]

5 **Ananas** *f* [ˈananas]

6 **Aprikose** *f* [apriˈkoːzə]

7 **Mango** *f* [ˈmaŋgo]

8 **Grapefruit** *f* [ˈgreːpfruːt]

9 **Weintrauben** *f/pl* [ˈvaintraubn]

10 **Kiwi** *f* [ˈkiːvi]

11 **Pfirsich** *m* [ˈpfiːɐziç]

12 **Erdbeere** *f* [ˈeːatbeːrə]

13 **Apfel** *m* [ˈapfl]

14 **Banane** *f* [baˈnaːnə]

15 **Zitrone** *f* [tsiˈtroːnə]

16 **Birne** *f* [ˈbiːɐnə]

17 **Kirsche** *f* [ˈkiːɐʃə]

18 **Melone** *f* [məˈloːnə]

19 **Rosenkohl** *m* [ˈroːznkoːl]

20 **Paprika** *m* [ˈpaprikaː]

21 **Zucchini** f [tsʊˈkiːni]
22 **Karotte** f [kaˈrɔtə]
23 **Brokkoli** m [ˈbrɔkoli]
24 **Artischocke** f [artiˈʃɔkə]
25 **Mais** m [maɪz]
26 **Knoblauch** m [ˈknoːblaux]
27 **Salat** m [zaˈlaːt]
28 **Zwiebel** f [ˈtsviːbl]
29 **Tomate** f [toˈmaːtə]
30 **Bohnen** f/pl [ˈboːnən]

31 **Spargel** m [ˈʃpargl]
32 **Aubergine** f [ˈobɛrʒiːnə]
33 **Gurke** f [ˈguːɐkə]
34 **Erbsen** f/pl [ˈɛːɐpsn]
35 **Kohlrabi** m [koːlˈraːbi]
36 **Kartoffel** f [karˈtɔfl]
37 **Blumenkohl** m [ˈbluːmnkoːl]
38 **Lauch** m [laux]
39 **Kürbis** m [ˈkyːɐbɪs]

1 **Rosmarin** *m* [ˈroːsmariːn]

2 **Majoran** *m* [ˈmaːjoran]

3 **Salbei** *m* [ˈzalbaɪ]

4 **Dill** *m* [dɪl]

5 **Schnittlauch** *m* [ˈʃnɪtlaʊx]

6 **Petersilie** *f* [peteˈziːliə]

7 **Thymian** *m* [ˈtyːmiaːn]

8 **Minze** *f* [ˈmɪntsə]

9 **Basilikum** *n* [baˈziːlikʊm]

10 **Koriander** *m* [koriˈandɐ]

11 **Currypulver** *n* [kʏriˈpʊlfɐ]

12 **Bärlauch** *m* [ˈbɛːɐlaʊx]

13 **Lavendel** *m* [laˈvɛndl]

14 **Zimtstange** *f* [ˈtsɪmtʃtaŋə]

15 **Kardamom** *m* [kardaˈmoːm]

16 **Sternanis** *m* [ˈʃtɛrnanɪs]

17 **Vanille** *f* [vaˈnɪl(j)ə]

18 **Pfefferkörner** *n/pl* [ˈpfɛfɐkœrnɐ]

19 **Fenchelsamen** *m/pl*
 [ˈfɛnçəlzaːmən]
20 **Gewürznelke** *f*
 [ɡəˈvʏrtsnɛlkə]
21 **Muskatnuss** *f* [mʊsˈkaːtnʊs]
22 **Lorbeer** *m* [ˈlɔrbeːɐ]
23 **Ingwer** *m* [ˈɪŋvɐ]
24 **Wacholderbeeren** *f/pl*
 [vaˈxɔldɐbeːrən]

25 **Safran** *m* [ˈzafran]
26 **Zitronengras** *n*
 [tsiˈtroːnəngraːs]
27 **Chili** *m* [ˈtʃiːli]
28 **Kümmel** *m* [ˈkʏml]
29 **Paprikapulver** *n*
 [ˈpaprikapʊlfɐ]

1 **Gemüsehändler** *m*
[gəˈmyːzəhɛndlɐ]
2 **Blumenladen** *m*
[ˈbluːmənlaːdn]
3 **Fleischerei** *f* [flaiʃəˈrai]
4 **Buchhandlung** *f* [ˈbuːxhandlʊŋ]
5 **Boutique** *f* [buˈtiːk]
6 **Schuhgeschäft** *n* [ˈʃuːgəʃɛft]
7 **Juwelier** *m* [juveˈliːɐ]
8 **Spielzeuggeschäft** *n*
[ˈʃpiːltsɔykgəʃɛft]
9 **Optiker** *m* [ˈɔptikɐ]
10 **Bäckerei** *f* [bɛkəˈrai]
11 **Weinhandlung** *f*
[ˈvainhandlʊŋ]
12 **Drogerie** *f* [drogəˈriː]
13 **Tiefgarage** *f* [ˈtiːfgaraːʒə]
14 **Möbelhaus** *n* [ˈmøːblhaus]

15 **Friseursalon** *m* [friˈzøːɐzalɔŋ]

16 **Tierhandlung** *f* [ˈtiːɐhandlʊŋ]

17 **Baumarkt** *m* [ˈbaumarkt]

18 **Treppenhaus** *n* [ˈtrɛpnhaus]

19 **Elektrofachmarkt** *m* [elɛkˈtroːfaxmarkt]

20 **Lift** *m* [lɪft]

21 **Lager** *n* [ˈlaːgɐ]

1 **Tiefkühlkost** *f* [ˈtiːfkylkɔst]

2 **Tüte** *f* [ˈtyːtə]

3 **Fertiggericht** *n* [ˈfɛrtiçgərıçt]

4 **Konserve** *f* [kɔnˈzɛrvə]

5 **Einkaufskorb** *m* [ˈainkaufskɔrp]

6 **Kassenbon** *m* [ˈkasənbɔŋ]

7 **Preisschild** *n* [ˈpraisʃılt]

8 **Regal** *n* [reˈgaːl]

9 **Kunde/Kundin** *m/f* [ˈkʊndə/ˈkʊndın]

10 **Einkaufswagen** *m* [ˈainkaufsvaːgn]

11 **Laufband** *n* [ˈlaufbant]

12 **Kasse** *f* [ˈkasə]

13 **Scanner** *m* [ˈskɛnɐ]

14 **Kartenzahlung** *f* [ˈkartntsaːluŋ]

15 **Kassierer/-in** *m/f* [kaˈsiːr-ɐ/-ərın]

1 **Bankangestellte/-r** *f/m* [ˈbaŋkangəʃtɛlt-ə/-ɐ]

2 **Münzen** *f/pl* [ˈmyntsən]

3 **Geldscheine** *m/pl* [ˈgɛltʃaɪnə]

4 **EC-Karte** *f* [eˈtseːkaːrtə]

5 **Kreditkarte** *f* [ˈkreditkaːrtə]

6 **Scheck** *m* [ʃɛk]

7 **Überweisungsformular** *n* [yːbɐˈvaɪzʊŋsfɔrmulaːɐ]

8 **Kontoauszug** *m* [ˈkɔntoaʊstsuːk]

9 **Geldautomat** *m* [ˈgɛldaʊtomaːt]

10 **Schalter** *m* [ˈʃaltɐ]

11 **Kontoauszugsdrucker** *m* [ˈkɔntoaustsuːksdrʊkɐ]

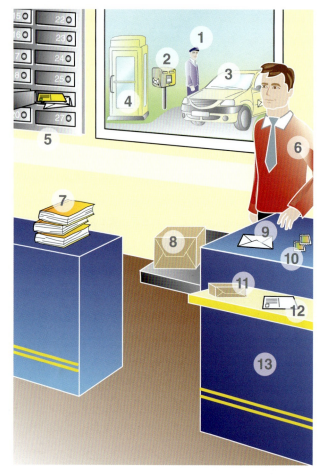

1 **Postbote/Postbotin** *m/f* [ˈpɔstboːtə/ˈpɔstboːtɪn]

2 **Briefkasten** *m* [ˈbriːfkastn]

3 **Postauto** *n* [ˈpɔstauto]

4 **Telefonzelle** *f* [ˈteləfoːntsɛlə]

5 **Postfach** *n* [ˈpɔstfax]

6 **Postangestellte/-r** *f/m* [ˈpɔstangəʃtɛlt-ə/-ɐ]

7 **Telefonbuch** *n* [ˈteləfoːnbuːx]

8 **Paket** *n* [paˈkeːt]

9 **Brief** *m* [briːf]

10 **Briefmarke** *f* [ˈbriːfmaːrkə]

11 **Päckchen** *n* [ˈpɛkçn]

12 **Postkarte** *f* [ˈpɔstkaːrtə]

13 **Schalter** *m* [ˈʃaltɐ]

1 **Eisdiele** *f* [ˈaisdiːlə]
2 **Café** *n* [kaˈfeː]
3 **Rathaus** *n* [ˈraːthaus]
4 **Kirche** *f* [ˈkɪrçə]
5 **Kirchturm** *m* [ˈkɪrçtʊrm]
6 **Portal** *n* [pɔrˈtaːl]
7 **Straßenlaterne** *f* [ˈʃtraːsnlatɛrnə]
8 **Brunnen** *m* [ˈbrʊnən]
9 **Markt** *m* [markt]
10 **einkaufen** [ˈainkaufn]
11 **Stadtführung** *f* [ˈʃtatfyːruŋ]
12 **Mülleimer** *m* [ˈmʏlaimɐ]
13 **Fußgängerzone** *f* [ˈfuːsgɛŋɐtsoːnə]
14 **flanieren** [flaˈniːrən]

In der Stadt: **Marktplatz & Zentrum**

1 **Bratwurstsemmel** *f* [ˈbraːtvʊɐstzɛml]
2 **Bonbons** *n/pl* [ˈbɔŋbɔŋs]
3 **Papierservietten** *f/pl* [paˈpiːɐzɛrvietn]
4 **Grill** *m* [grɪl]
5 **Schokoriegel** *m* [ˈʃoːkoriːgl]
6 **Pommes frites** *pl* [pɔmˈfrɪt]
7 **Limonade** *f* [limoˈnaːdə]
8 **Cola** *f* [ˈkoːla]
9 **Mineralwasser** *n* [mineˈraːlvasɐ]
10 **Kaugummis** *m/pl* [ˈkaʊgʊmis]
11 **Currywurst** *f* [ˈkœrivʊɐst]
12 **Sandwich** *n* [ˈzɛntvɪtʃ]
13 **Imbissstand** *m* [ˈɪmbɪsʃtant]

1 **Flugzeug** *n* [ˈfluːktsoik]

2 **Anzeigetafel** *f* [ˈantsaɪgətaːfl]

3 **Hubschrauber** *m* [ˈhuːpʃraubɐ]

4 **Segelflugzeug** *n* [ˈzeːglfluːktsoik]

5 **Landebahn** *f* [ˈlandəbaːn]

6 **Tower** *m* [ˈtaʊɐ]

7 **Sicherheitskontrolle** *f* [ˈzɪçɐhaɪtskɔntrɔlə]

8 **Duty-free-Shop** *m* [djuːtiˈfriːʃɔp]

9 **Information** *f* [infɔrmaˈtsjoːn]

10 **Wartebereich** *m* [ˈvaːrtəbəraiç]

11 **Pilot/-in** *m/f* [piˈloːt/-ɪn]

12 **Flugbegleiter/-in** *m/f* [ˈfluːkbəglaɪtɐ/-ərɪn]

13 **Gepäckband** *n* [gəˈpɛkbant]

14 **Koffer** *m* [ˈkɔfɐ]

15 **Check-in** *m* od. *n* [ˈtʃɛkin]

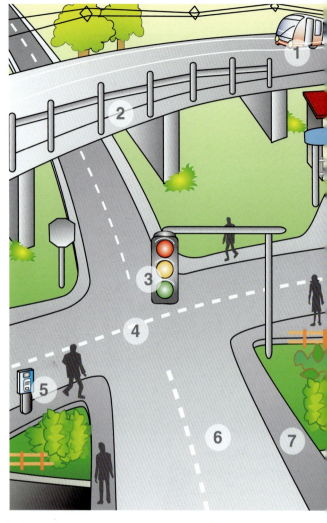

1 **Straßenbahn** *f* [ˈʃtraːsnbaːn]

2 **Überführung** *f* [ˈyːbɐfyːrʊŋ]

3 **Ampel** *f* [ˈampl]

4 **Kreuzung** *f* [ˈkroitsʊŋ]

5 **Parkscheinautomat** *m* [ˈpaːrkʃaɪnautomaːt]

6 **Straße** *f* [ˈʃtraːsə]

7 **Gehweg** *m* [ˈgeːveːk]

8 **Bushaltestelle** *f* [ˈbʊshaltəʃtɛlə]

9 **Bus** *m* [bʊs]

10 **Tankstelle** *f* [ˈtaŋkstɛlə]

Verkehr: **Auf der Straße**

11 **Straßenlaterne** *f* [ˈʃtraːsnlatɐrnə]

12 **Kreisverkehr** *m* [ˈkraɪsfɐkeːɐ]

13 **Verkehrsinsel** *f* [ˈfɐkeːɐsɪnzl]

14 **Litfaßsäule** *f* [ˈlɪtfaszɔɪlə]

15 **Fußgänger/-in** *m*
 [ˈfuːsgɛŋ-ɐ/-ərɪn]

16 **Verkehrsschild** *n* [ˈfɐkeːɐsʃɪlt]

17 **Stadtplan** *m* [ˈʃtatplaːn]

18 **Zebrastreifen** *m* [ˈtseːpraʃtraɪfn]

19 **Unterführung** *f* [ˈʊntɐfyːrʊŋ]

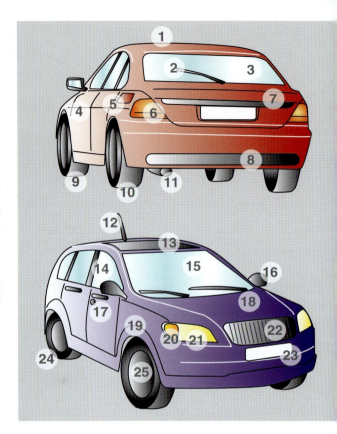

1 **Dach** *n* [ˈdax]

2 **Scheibenwischer** *m* [ˈʃaibnvɪʃɐ]

3 **Heckscheibe** *f* [ˈhɛkʃaibə]

4 **Autotür** *f* [ˈautotyːɐ]

5 **Tankdeckel** *m* [ˈtaŋkdɛkl]

6 **Rücklicht** *n* [ˈryklɪçt]

7 **Kofferraum** *m* [ˈkɔfɐraum]

8 **Stoßstange** *f* [ˈʃtoːsʃtaŋə]

9 **Vorderrad** *n* [ˈfɔːɐdɐraːt]

10 **Hinterrad** *n* [ˈhɪntɐraːt]

11 **Auspuff** *m* [ˈauspʊf]

12 **Antenne** *f* [anˈtɛnə]

13 **Schiebedach** *n* [ˈʃiːbədax]

14 **Seitenfenster** *n* [ˈzaɪtnfɛnstɐ]

15 **Windschutzscheibe** *f* [ˈvɪntʃʊtsʃaibə]

16 **Außenspiegel** *m* [ˈausnʃpiːgl]

17 **Türschloss** *n* [ˈtyːɐʃlɔs]

18 **Motorhaube** *f* [ˈmoːtɔrhaubə]

19 **Kotflügel** *m* [ˈkoːtflyːgl]

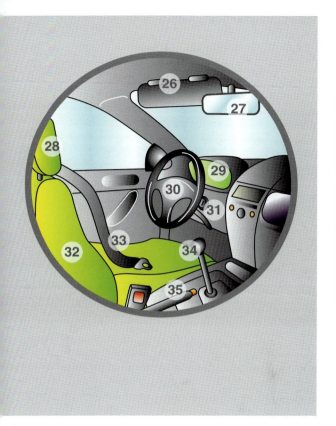

20 **Blinker** *m* [ˈblɪŋkɐ]
21 **Scheinwerfer** *m* [ˈʃaɪnvɛːɐfɐ]
22 **Kühlergrill** *m* [ˈkyːlɐgrɪl]
23 **Nummernschild** *n* [ˈnʊmɐnʃɪlt]
24 **Reifen** *m* [ˈraɪfn]
25 **Radkappe** *f* [ˈraːtkapə]
26 **Sonnenblende** *f* [ˈzɔnənblɛndə]
27 **Rückspiegel** *m* [ˈrykʃpiːgl]
28 **Kopfstütze** *f* [ˈkɔpfʃtytsə]
29 **Armaturenbrett** *n* [armaˈtuːrənbrɛt]
30 **Lenkrad** *n* [ˈlɛŋkraːt]
31 **Zündschloss** *n* [ˈtsyntʃlɔs]
32 **Sitz** *m* [ˈzɪts]
33 **Sicherheitsgurt** *m* [ˈzɪçɐhaɪtsguːɐt]
34 **Schaltknüppel** *m* [ˈʃaltknypl]
35 **Handbremse** *f* [ˈhantbrɛmzə]

1 **Gepäckaufbewahrung** *f* [gəˈpɛkaufbəvaːrʊŋ]

2 **Schließfach** *n* [ˈʃliːsfax]

3 **Fahrkartenschalter** *m* [ˈfaːrkaːrtnʃaltɐ]

4 **Abteil** *n* [apˈtaɪl]

5 **Schaffner** *m* [ˈʃafnɐ]

6 **Zug** *m* [ˈtsuːk]

7 **Bahnangestellte/-er** *f/m* [ˈbaːnangəʃtɛlt-ə/-ɐ]

8 **Fahrplan** *m* [ˈfaːrplaːn]

9 **Bahnsteig** *m* [ˈbaːnʃtaɪk]

10 **Reisende/-r** *f/m* [ˈraiznd-ə/-ɐ]

11 **Gleis** *n* [ˈglaɪs]

12 **Gepäck** *n* [gəˈpɛk]

13 **Kofferkuli** *m* [ˈkɔfɐkuːli]

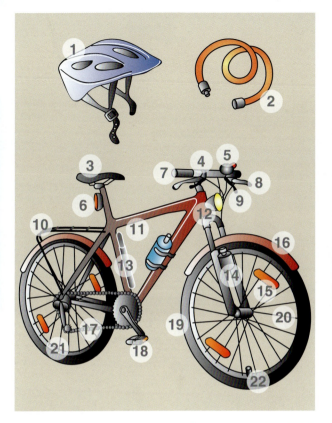

1 **Fahrradhelm** *m* [ˈfa:rathɛlm]

2 **Fahrradschloss** *n* [ˈfa:ra:tʃlɔs]

3 **Sattel** *m* [ˈzatl]

4 **Lenker** *m* [ˈlɛŋkɐ]

5 **Klingel** *f* [ˈklɪŋl]

6 **Rücklicht** *n* [ˈryklɪct]

7 **Griff** *m* [ˈgrɪf]

8 **Bremse** *f* [ˈbrɛmzə]

9 **Gangschaltung** *f* [ˈgaŋʃaltʊŋ]

10 **Gepäckträger** *m* [gəˈpɛktrɛgɐ]

11 **Rahmen** *m* [ˈra:mn]

12 **Vorderlicht** *n* [ˈfɔ:ɐdɐlɪçt]

13 **Luftpumpe** *f* [ˈlʊftpʊmpə]

14 **Dynamo** *m* [dyˈna:mo]

15 **Reflektor** *m* [reˈflɛktoɐ]

16 **Schutzblech** *n* [ˈʃʊtsblɛç]

17 **Fahrradkette** *f* [ˈfa:ra:tkɛtə]

18 **Pedal** *n* [peˈda:l]

19 **Vorderrad** *n* [ˈfɔ:ɐdɐra:t]

20 **Speiche** *f* [ˈʃpaɪçə]

21 **Hinterrad** *n* [ˈhɪntɐra:t]

22 **Ventil** *n* [ˈvɛnti:l]

1 **Karten spielen** [ˈkartən ˈʃpiːlən]
2 **nähen** [ˈnɛːən]
3 **zeichnen** [ˈtsaiçnən]
4 **Bleistift** *m* [ˈblaiʃtɪft]
5 **malen** [ˈmaːlən]
6 **Pinsel** *m* [ˈpɪnzl]
7 **stricken** [ˈʃtrɪkn]
8 **wandern** [ˈvandɐn]
9 **reisen** [ˈraizn]
10 **tanzen** [ˈtantsn]
11 **Sport** *m* [ʃpɔrt]
12 **kochen** [ˈkɔxn]
13 **Musik hören** [muˈziːk ˈhøːrən]
14 **lesen** [ˈleːzn]
15 **Buch** *n* [buːx]

1 **reiten** [ˈraitn]

2 **Fahrrad fahren**
[ˈfaːɐraːt ˈfaːrən]

3 **Spielplatz** *m* [ˈʃpiːlplats]

4 **walken** [ˈvalkn]

5 **Rutsche** *f* [ˈrʊtʃə]

6 **joggen** [ˈdʒɔgn]

7 **Schaukel** *f* [ˈʃaukl]

8 **Frisbee spielen** [ˈfrɪsbi ˈʃpiːlən]

9 **Wiese** *f* [ˈviːzə]

10 **Inliners fahren** [ˈɪnlaɪnɐ ˈfaːrən]

11 **Badminton spielen**
[ˈbætmɪntən ˈʃpiːlən]

12 **Skateboard fahren**
[ˈskeːtboːɐt ˈfaːrən]

1 **Trompete** f [trɔmˈpeːtə]
2 **Flöte** f [ˈfløːtə]
3 **Horn** n [hɔrn]
4 **Saxofon** n [zaksoˈfoːn]
5 **Harfe** f [ˈharfə]
6 **Klarinette** f [klariˈnɛtə]
7 **Kontrabass** m [ˈkɔntrabas]
8 **Cello** n [ˈtʃɛlo]
9 **Geige** f [ˈgaɪgə]
10 **Dirigent** m [diriˈgɛnt]
11 **Taktstock** m [ˈtaktʃtɔk]
12 **Noten** f/pl [ˈnoːtn]
13 **Notenständer** m [ˈnoːtnʃtɛndɐ]
14 **Klavier** n [klaˈviːɐ]

15 **Notenschlüssel** *m* [ˈnoːtnʃlʏsl]

16 **Xylofon** *n* [ksyloˈfoːn]

17 **Schlagzeug** *n* [ˈʃlaːktsɔɪk]

18 **E-Gitarre** *f* [ˈegitarə]

19 **Becken** *n* [ˈbɛkn]

20 **akustische Gitarre** *f* [aˈkʊstɪʃe giˈtarə]

21 **Sänger** *m* [ˈzɛŋɐ]

22 **Mikrofon** *n* [mikroˈfoːn]

23 **Verstärker** *m* [fɐˈʃtɛɐkɐ]

1 **Theater** *n* [teˈatɐ]
2 **Bühne** *f* [ˈbyːnə]
3 **Museum** *n* [muˈzeːʊm]
4 **Gemälde** *n* [gəˈmɛːldə]
5 **Oper** *f* [ˈoːpɐ]
6 **Opernsänger/-in** *m/f* [ˈoːpɐnzɛŋ-ɐ/-ərɪn]
7 **Ballett** *n* [baˈlɛt]
8 **Tänzer/-in** *m/f* [ˈtɛntsɐ/-ərɪn]
9 **Spielkasino** *n* [ˈʃpiːlkaziːno]
10 **Roulette** *n* [ruˈlɛt]
11 **Konzert** *n* [kɔnˈtsɛrt]
12 **Band** *f* [bant]
13 **Lesung** *f* [ˈleːzʊŋ]
14 **Autor/-in** *m/f* [ˈautoːɐ/ˈautoːrɪn]
15 **Kino** *n* [ˈkiːno]
16 **Diskothek** *f* [dɪskoˈteːk]

1 **Schnaps** *m* [ʃnaps]
2 **Weinbrand** *m* [ˈvainbrant]
3 **Likör** *m* [liˈkøːɐ]
4 **Whisky** *m* [ˈvɪski]
5 **Cocktail** *m* [ˈkɔkteːl]
6 **Eiswürfel** *m* [ˈaisvʏrfl]
7 **Kaffeemaschine** *f* [ˈkafemaʃiːnə]
8 **Zapfhahn** *m* [ˈtsapfhaːn]
9 **Strohhalm** *m* [ˈʃtroːhalm]
10 **Barkeeper/-in** *m/f* [ˈbaːɐkiːpɐ/-ɐrɪn]
11 **Shaker** *m* [ˈʃeɪkə]
12 **Theke** *f* [ˈteːkə]
13 **Barhocker** *m* [ˈbaːɐhɔkɐ]

1 **Speisekarte** *f* [ˈʃpaizəkartə]

2 **Rechnung** *f* [ˈrɛçnuŋ]

3 **Trinkgeld** *n* [ˈtrɪŋkgɛlt]

4 **bezahlen** [beˈtsaːlən]

5 **Reservierung** *f* [rezɛrˈviːrʊŋ]

6 **Tageskarte** *f* [ˈtaːgəskartə]

7 **bestellen** [bəˈʃtɛlən]

8 **Kellner/-in** *m/f* [ˈkɛln-ɐ/-ərɪn]

9 **Tablett** *n* [taˈblɛt]

10 **Gast** *m* [gast]

11 **Tischdecke** *f* [ˈtɪʃdɛkə]

12 **Kerzenständer** *m* [ˈkɛrtsənʃtɛndɐ]

13 **Gedeck** *n* [gəˈdɛk]

14 **Serviette** *f* [zɛrˈviɛtə]

15 **Suppe** *f* [ˈzʊpə]

16 **Vorspeise** *f* [ˈfɔɐʃpaizə]

17 **Salat** *m* [zaˈlaːt]

18 **Hauptgericht** *n* [ˈhauptgərɪçt]

19 **Beilage** *f* [ˈbaɪlaːgə]

20 **Getränk** *n* [gəˈtrɛŋk]

21 **Nachspeise** *f* [ˈnaːxʃpaɪzə]

22 **Salz/Pfeffer** *n/m* [zalts/ˈpfɛfɐ]

23 **Buffet** *n* [bʏˈfeː]

24 **Häppchen** *n* [ˈhɛpçən]

1 **Reiseführer** *m* [ˈraizəfyːrɐ]
2 **Wörterbuch** *n* [ˈvœrtɐbuːx]
3 **Touristeninformation** *f* [tuˈrɪstənɪnfɔrmatsioːn]
4 **Fahrkarte** *f* [ˈfaːrkartə]
5 **Flugticket** *n* [ˈfluːktɪkət]
6 **Bordkarte** *f* [ˈbɔrtkartə]
7 **Reisepass** *m* [ˈraizəpas]
8 **Visum** *n* [ˈviːzʊm]
9 **Reiseapotheke** *f* [ˈraizəapoteːkə]
10 **Stadtplan** *m* [ˈʃtatplaːn]
11 **Reisebüro** *n* [ˈraizəbyroː]
12 **buchen** [ˈbuːxn]

1 **Toilette** *f* [twaˈlɛtə]
2 **Dusche** *f* [ˈduːʃə]
3 **Waschgelegenheit** *f* [ˈvaʃɡəleːɡnhait]
4 **Mülltonnen** *f/pl* [ˈmʏltɔnən]
5 **Zelt** *n* [tsɛlt]
6 **Luftmatratze** *f* [ˈlʊftmatratsə]
7 **Isoliermatte** *f* [izoˈliːrmatə]
8 **Schlafsack** *m* [ˈʃlaːfzak]
9 **Stromanschluss** *m* [ˈʃtroːmanʃlʊs]
10 **Hering** *m* [ˈheːrɪŋ]
11 **Gasbrenner** *m* [ˈɡaːsbrɛnɐ]
12 **Taschenlampe** *f* [ˈtaʃnlampə]
13 **Wohnmobil** *n* [ˈvoːnmobiːl]
14 **Wohnwagen** *m* [ˈvoːnvaːɡn]

1 **Hotelbar** *f* [hoˈtɛlbaːɐ]

2 **Frühstücksraum** *m* [ˈfryːʃtʏksraum]

3 **Wäscheservice** *m* [ˈvɛʃəzøɐvɪs]

4 **Bad** *n* [baːt]

5 **Einzelzimmer** *n* [ˈaintseltsɪmɐ]

6 **Klimaanlage** *f* [ˈkliːmaanlaːgə]

7 **Zimmerservice** *m* [ˈtsɪmɐzøɐvɪs]

8 **Doppelzimmer** *n* [ˈdɔpltsɪmɐ]

9 **Zustellbett** *n* [ˈtsuːʃtɛlbɛt]

10 **Balkon** *m* [balˈkoŋ]

11 **Fitnessraum** *m* [ˈfɪtnɛsraum]

12 **Minibar** *f* [ˈmɪnibaːɐ]

13 **Safe** *m* [seːf]

14 **Lift** *m* [lɪft]

15 **Zimmernummer** *f* [ˈtsɪmɐnʊmɐ]

16 **Rezeption** *f* [retsɛpˈtsioːn]

17 **Zimmerschlüssel** *m* [ˈtsɪmɐʃlʏsl]

18 **Lobby** *f* [ˈlɔbi]

19 **Page** *m* [ˈpaːʒə]

20 **Tiefgarage** *f* [ˈtiːfgaraːʒə]

21 **Pool** *m* [puːl]

1 **Insel** *f* [ˈɪnzl]

2 **Meer** *n* [meːɐ]

3 **Welle** *f* [ˈvɛlə]

4 **Boje** *f* [ˈboːjə]

5 **Wasserski fahren** [ˈvasɐʃiː ˈfaːrən]

6 **Schlauchboot** *n* [ˈʃlauxboːt]

7 **Düne** *f* [ˈdyːnə]

8 **Palme** *f* [ˈpalmə]

9 **Klippe** *f* [ˈklɪpə]

10 **Strandbar** *f* [ˈʃtrantbaːɐ]

11 **Sonnenschirm** *m* [ˈzɔnənʃɪrm]

12 **Badeschuhe** *m/pl* [ˈbaːdəʃuːə]

13 **Luftmatratze** *f* [ˈlʊftmatratsə]

14 **Sand** *m* [zant]

15 **Strandtuch** *n* [ˈʃtranttux]

16 **Schnorchel** *m* [ˈʃnɔrçl]

17 **Taucherbrille** *f* [ˈtauxɐbrɪlə]

18 **Flossen** *f/pl* [ˈflɔsən]

19 **Badeaufsicht** *f* [ˈbaːdəaufzɪçt]

20 **Surfbrett** *n* [ˈzøːɐfbret]

21 **Sonnenhut** *m* [ˈzɔnənhuːt]

22 **Liegestuhl** *m* [ˈliːgəʃtuːl]

23 **Sonnenbrille** *f* [ˈzɔnənbrɪlə]

24 **Sonnencreme** *f* [ˈzɔnənkreːm]

25 **Muschel** *f* [ˈmʊʃl]

Sport: Mannschaftssport

1 **Tor** *n* [toːɐ]

2 **Fußball spielen** [ˈfuːsbal ˈʃpiːlən]

3 **Fußball** *m* [ˈfuːsbal]

4 **schießen** [ˈʃiːsn]

5 **Spielfeld** *n* [ʃpiːlfelt]

6 **Mittellinie** *f* [ˈmɪtlliːniə]

7 **Mittelkreis** *m* [ˈmɪtlkrais]

8 **Torlinie** *f* [ˈtoːɐliːniə]

9 **Ecke** *f* [ˈɛkə]

10 **Trikot** *n* [ˈtrɪko]

11 **Schiedsrichter** *m* [ˈʃitsrɪçtɐ]

12 **Gelbe Karte** *f* [ˈgɛlbə ˈkartə]

13 **Pfeife** *f* [ˈpfaifə]

14 **Handball spielen** [ˈhantbal ˈʃpiːlən]

15 **Torwart** *m* [ˈtoːɐvart]

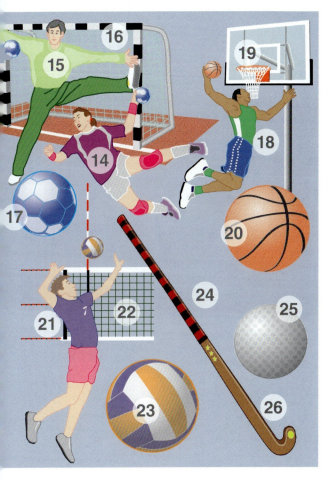

16 **Tor** *n* [toːɐ]

17 **Handball** *m* [ˈhantbal]

18 **Basketball spielen** [ˈbaskətbal ˈʃpiːlən]

19 **Korb** *m* [kɔrp]

20 **Basketball** *m* [ˈbaskətbal]

21 **Volleyball spielen** [ˈvɔlibal ˈʃpiːlən]

22 **Netz** *n* [nɛts]

23 **Volleyball** *m* [ˈvɔlibal]

24 **Hockey** *n* [ˈhɔki]

25 **Hockeyball** *m* [ˈhɔkibal]

26 **Hockeyschläger** *m* [ˈhɔkiʃlɛgɐ]

1 **Staffellauf** *m* [ˈʃtafllauf]

2 **Bahn** *f* [baːn]

3 **Sportler/-in** *m/f* [ˈʃpɔrtl-ɐ/-ərɪn]

4 **Ziellinie** *f* [ˈtsiːlliːnjə]

5 **Kugelstoßen** *n* [ˈkuːglʃtoːsn]

6 **Hochsprung** *m* [hoːxʃprʊŋ]

7 **Hürdenlauf** *m* [ˈhʏrdnlauf]

8 **Diskuswerfen** *n* [ˈdɪskʊsvɛrfn]

9 **Weitsprung** *m* [ˈvaitʃprʊŋ]

10 **springen** [ˈʃprɪŋən]

11 **werfen** [ˈvɛrfn]

12 **Speerwerfen** *n* [ˈʃpeːɐvɛrfn]

13 **Sprint** *m* [ʃprɪnt]

14 **Startlinie** *f* [ˈʃtartliːnjə]

15 **Startblock** *m* [ˈʃtartblɔk]

1 **segeln** [ˈzeːgln]

2 **Segel** *n* [ˈzeːgl]

3 **Segelboot** *n* [ˈzeːglboːt]

4 **Windsurfen** *n* [ˈvɪntzøːɐfn]

5 **Surfbrett** *n* [ˈzøːɐfbrɛt]

6 **Neoprenanzug** *m* [neoˈpreːnantsug]

7 **tauchen** [ˈtauxn]

8 **Druckluftflasche** *f* [ˈdrʊklʊftflaʃə]

9 **Tauchermaske** *f* [ˈtauxɐmaskə]

10 **rudern** [ˈruːdɐn]

11 **Ruder** *n* [ˈruːdɐ]

12 **schwimmen** [ˈʃvɪmən]

13 **Badekappe** *f* [ˈbaːdəkapə]

14 **Schwimmbrille** *f* [ˈʃvɪmbrɪlə]

15 **Kajak** *n* [ˈkaːjak]

16 **Kanu** *n* [ˈkaːnu]

17 **Paddel** *n/pl* [ˈpadl]

1 **Gondel** f [ˈgɔndl]
2 **Sessellift** m [ˈzɛsllɪft]
3 **snowboarden** [ˈsnoːboːɐdn]
4 **Snowboard** n [ˈsnoːboːɐt]
5 **(Ski)langlauf** m [(ˈʃiː)laŋlauf]
6 **Loipe** f [ˈlɔypə]
7 **Piste** f [ˈpɪstə]
8 **Ski fahren / Schi fahren**
  [ʃiː ˈfaːrən]
9 **Ski/Schi** m [ʃiː]
10 **Eishockey** n [ˈaishɔki]
11 **Tor** n [toːɐ]
12 **Schlittschuh** m [ˈʃlɪtʃuː]
13 **Puck** m [pʊk]
14 **Eishockeyschläger** m
  [ˈaishɔkiʃlɛːgɐ]
15 **Eislaufen** n [ˈaislaufn]

1 **Aerobic** *n* od. *f* [ɛˈroːbɪk]

2 **Joga** *n* [ˈjoːga]

3 **Sauna** *f* [ˈzauna]

4 **Rudermaschine** *f* [ˈruːdɐmaʃiːnə]

5 **Crosstrainer** *m* [ˈkrɔstrɛːnɐ]

6 **Matte** *f* [ˈmatə]

7 **Hantelstange** *f* [ˈhantlʃtaŋə]

8 **Hanteln** *f/pl* [ˈhantln]

9 **Laufband** *n* [ˈlaufbant]

10 **Trainingsrad** *n* [ˈtrɛːnɪŋsraːt]

11 **Umkleideraum** *m* [ˈʊmklaidəraum]

12 **Fitnesstrainer/-in** *m/f* [ˈfɪtnɛstrɛn-ɐ/-ərɪn]

13 **Stepper** *m* [ˈʃtɛpɐ]

1 **Wellensittich** *m* [ˈvɛlnzɪtɪç]
2 **Papagei** *m* [papaˈgai]
3 **Frettchen** *n* [ˈfrɛtçən]
4 **Echse** *f* [ˈɛksə]
5 **Terrarium** *n* [tɛˈraːriʊm]
6 **Käfig** *m* [ˈkɛːfɪç]
7 **Aquarium** *n* [aˈkvaːriʊm]
8 **Fische** *m/pl* [fɪʃə]
9 **Hund** *m* [hʊnt]
10 **Katze** *f* [ˈkatsə]
11 **Schildkröte** *f* [ˈʃɪltkrøːtə]
12 **Kaninchen** *n* [kaˈniːnçən]
13 **Maus** *f* [maus]
14 **Hamster** *m* [ˈhamstɐ]
15 **Fressnapf** *m* [ˈfrɛsnapf]
16 **Meerschweinchen** *n* [ˈmeːɐʃvainçən]

1 **Elefant** *m* [eleˈfant]

2 **Giraffe** *f* [giˈrafə]

3 **Flusspferd** *n* [ˈflʊspfeːɐt]

4 **Zebra** *n* [ˈtseːbra]

5 **Affe** *m* [ˈafə]

6 **Löwe** *m* [ˈløːvə]

7 **Eisbär** *m* [ˈaisbɛːɐ]

8 **Tiger** *m* [ˈtiːgɐ]

9 **Pinguin** *m* [ˈpɪŋguiːn]

10 **Robbe** *f* [ˈrɔbə]

11 **Tierpfleger/-in** *m/f* [ˈtiːɐpfleːg-ɐ/-ərɪn]

12 **Fütterung** *f* [ˈfʏtərʊŋ]

13 **Bär** *m* [bɛːɐ]

1 **Bienenstock** *m* [ˈbiːnənʃtɔk]

2 **Biene** *f* [ˈbiːnə]

3 **Wespe** *f* [ˈvɛspə]

4 **Wespennest** *n* [ˈvɛspənnɛst]

5 **Hummel** *f* [ˈhʊml]

6 **Heuschrecke** *f* [ˈhɔyʃrɛkə]

7 **Spinnennetz** *n* [ˈʃpɪnənnɛts]

8 **Spinne** *f* [ˈʃpɪnə]

9 **Wanze** *f* [ˈvantsə]

10 **Fliege** *f* [ˈfliːgə]

11 **Libelle** *f* [liˈbɛlə]

12 **Schabe** *f* [ˈʃaːbə]

13 **Mücke** *f* [ˈmʏkə]

14 **Zecke** *f* [ˈtsɛkə]

15 **Marienkäfer** *m* [maˈriːənkɛfɐ]

16 **Raupe** *f* [ˈraupə]

17 **Schmetterling** *m* [ˈʃmɛtalɪŋ]

1 **Feld** *n* [fɛlt]
2 **Mähdrescher** *m* [ˈmɛːdrɛʃɐ]
3 **Stall** *m* [ʃtal]
4 **Gemüsegarten** *m* [gəˈmyːzəgartn]
5 **Misthaufen** *m* [mɪsthaʊfn]
6 **Traktor** *m* [ˈtraktoːɐ]
7 **Scheune** *f* [ˈʃɔynə]
8 **Ziege** *f* [ˈtsiːgə]
9 **Landwirt/-in** *m/f* [ˈlantvɪrt/-ɪn]
10 **Kuh** *f* [kuː]
11 **Pferd** *n* [pfeːɐt]
12 **Esel** *m* [ˈeːzl]
13 **Strohballen** *m* [ˈʃtroːbalən]
14 **Hahn** *m* [haːn]
15 **Huhn** *n* [huːn]
16 **Schwein** *n* [ʃvain]
17 **Schaf** *n* [ʃaːf]

1 **Sonne** *f* [ˈzɔnə]
2 **Himmel** *m* [ˈhɪml]
3 **Berg** *m* [bɛːɐ̯k]
4 **Feld** *n* [fɛlt]
5 **Laubbaum** *m* [ˈlaupbaum]
6 **Fluss** *m* [flʊs]
7 **Ast** *m* [ast]
8 **Stamm** *m* [ʃtam]
9 **Reh** *n* [reː]
10 **Jäger** *m* [ˈjɛːgɐ]
11 **Stein** *m* [ʃtain]
12 **Getreide** *n* [gəˈtraɪdə]
13 **Wolke** *f* [ˈvɔlkə]
14 **Vogel** *m* [ˈfoːgl]

Natur: **Landschaft**

15 **Nadelbaum** *m* [ˈnaːdlbaum]
16 **Brücke** *f* [ˈbrykə]
17 **Boot** *n* [boːt]
18 **See** *m* [zeː]
19 **Seerose** *f* [ˈzeːroːzə]
20 **Sonnenblumen** *f/pl* [ˈzɔnənbluːmən]
21 **Weg** *m* [veːk]
22 **Schilf** *n* [ʃɪlf]
23 **Wiese** *f* [ˈviːzə]
24 **Bank** *f* [baŋk]
25 **Blatt** *n* [blat]
26 **Blume** *f* [ˈbluːmə]
27 **Hase** *m* [ˈhaːzə]

1 **Kiefer** f [ˈkiːfɐ]
2 **Buche** f [ˈbuːxə]
3 **Birke** f [ˈbɪrkə]
4 **Tanne** f [ˈtanə]
5 **Lärche** f [ˈlɛrçə]
6 **Zapfen** m [ˈtsapfn]
7 **Ahorn** m [ˈaːhɔrn]
8 **Nadeln** f/pl [ˈnaːdln]
9 **Hirsch** m [hɪrʃ]
10 **Wildschwein** n [ˈvɪltʃvain]
11 **Farn** m [farn]
12 **Pilz** m [pɪlts]
13 **Eule** f [ˈɔylə]
14 **Eiche** f [ˈaiçə]
15 **Blatt** n [blat]
16 **Eichel** f [ˈaiçl]

17 **Stamm** *m* [ʃtam]
18 **Eichhörnchen** *n* [ˈaiçhœrnçən]
19 **Specht** *m* [ʃpɛçt]
20 **Ast** *m* [ast]
21 **Lichtung** *f* [lɪçtuŋ]
22 **Moos** *n* [moːs]
23 **Fuchs** *m* [fʊks]
24 **Wurzel** *f* [ˈvʊrtsl]

1 **Rasen** *m* [ˈraːzn]
2 **Strauch (Flieder)** *m* [ʃtraux (ˈfliːdɐ)]
3 **Rasenmäher** *m* [ˈraːznmɛːɐ]
4 **Aster** *f* [ˈastɐ]
5 **Beet** *n* [beːt]
6 **Gänseblümchen** *n* [ˈgɛnzəblyːmçən]
7 **Löwenzahn** *m* [ˈløːvəntsaːn]
8 **Schnecke** *f* [ˈʃnɛkə]
9 **Amsel** *f* [ˈamzl]
10 **Regenwurm** *m* [ˈreːgnvʊrm]
11 **Himbeerstrauch** *m* [ˈhɪmbeːrʃtraux]
12 **Apfelbaum** *m* [ˈapflbaum]
13 **Sonnenblume** *f* [ˈzɔnənbluːmə]

14 **Gemüse** *n* [gəˈmyːzə]

15 **Rose** *f* [ˈroːzə]

16 **Spaten** *m* [ˈʃpaːtn]

17 **Efeu** *m* [ˈeːfɔy]

18 **Erde** *f* [ˈeːɐdə]

19 **Gießkanne** *f* [ˈgiːskanə]

20 **Gartenschlauch** *m* [ˈgartnʃlaux]

21 **Igel** *m* [ˈiːgl]

22 **Margerite** *f* [margəˈriːtə]

23 **Gartenschere** *f* [ˈgartnʃeːrə]

1 **Frühling** *m* [ˈfryːlɪŋ]
2 **Sonne** *f* [ˈzɔnə]
3 **Wolke** *f* [ˈvɔlkə]
4 **Regenbogen** *m* [ˈreːgnboːgn]
5 **Regen** *m* [ˈreːgn]
6 **Kirschblüten** *f/pl* [ˈkɪrʃblyːtn]
7 **Narzisse** *f* [narˈtsɪsə]
8 **Krokus** *m* [ˈkroːkʊs]
9 **Schneeglöckchen** *n* [ˈʃneːglœkçən]
10 **Tulpen** *f/pl* [ˈtʊlpən]
11 **Sommer** *m* [ˈzɔmɐ]
12 **sonnig** [ˈzɔnɪç]
13 **Gewitter** *n* [gəˈvɪtɐ]
14 **Donner** *m* [ˈdɔnɐ]
15 **Blitz** *m* [blɪts]

Natur: **Jahreszeiten & Wetter**

16 **Sonnenblume** *f* [ˈzɔnənbluːmə]

17 **warm** [varm]

18 **Herbst** *m* [hɛrpst]

19 **regnerisch** [ˈreːgnərɪʃ]

20 **neblig** [ˈneːblɪç]

21 **stürmisch** [ˈʃtʏrmɪʃ]

22 **Laub** *n* [laup]

23 **Winter** *m* [ˈvɪntɐ]

24 **kahler Baum** *m* [kaːlɐ baum]

25 **kalt** [kalt]

26 **Schnee** *m* [ʃneː]

27 **Schlitten** *m* [ˈʃlɪtn]

1 **Wasserschildkröte** *f* [ˈvasɐʃɪltkrøːtə]

2 **Schwertfisch** *m* [ˈʃveːɐtfɪʃ]

3 **Delfin** *m* [dɛlˈfiːn]

4 **Hai** *m* [haɪ]

5 **Rochen** *m* [ˈrɔxn]

6 **Qualle** *f* [ˈkvalə]

7 **Wal** *m* [vaːl]

8 **Koralle** *f* [koˈralə]

9 **Seepferdchen** *n* [ˈzeːpfeɐtçən]

10 **Alge** *f* [ˈalgə]

11 **Seestern** *m* [ˈzeːʃtɛrn]

12 **Sand** *m* [zant]

13 **Stein** *m* [ʃtain]

14 **Kies** *m* [kiːs]

15 **Seeigel** *m* [ˈzeːiːgl]

16 **Muschel** *f* [ˈmʊʃl]

17 **Krebs** *m* [kreːps]

1 **rot** [roːt]

2 **gelb** [gɛlp]

3 **blau** [blau]

4 **türkis** [tyrˈkiːs]

5 **fliederfarben** [ˈfliːdɐfarbn]

6 **schwarz** [ʃvarts]

7 **grün** [gryːn]

8 **violett** [vioˈlɛt]

9 **weiß** [vais]

10 **grau** [grau]

11 **orange** [oˈrãːʒ]

12 **pink** [pɪŋk]

13 **beige** [beːʃ]

14 **rosa** [ˈroːza]

15 **braun** [braun]

16 **gestreift** [gəˈʃtraɪft]

17 **gepunktet** [gəˈpʊŋktət]

18 **kariert** [kaˈriːɐt]

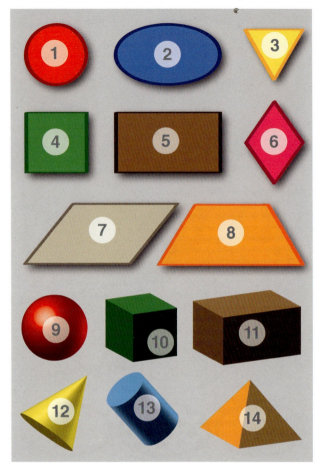

1 **Kreis** *m* [krais]

2 **Ellipse** *f* [ɛˈlɪpsə]

3 **Dreieck** *n* [ˈdraiɛk]

4 **Quadrat** *n* [kvaˈdraːt]

5 **Rechteck** *n* [rɛçtɛk]

6 **Raute** *f* [ˈrautə]

7 **Parallelogramm** *n* [paraˌleloˈgram]

8 **Trapez** *n* [traˈpeːts]

9 **Kugel** *f* [ˈkuːgl]

10 **Würfel** *m* [ˈvʏrfl]

11 **Quader** *m* [ˈkvaːdɐ]

12 **Kegel** *m* [ˈkeːgl]

13 **Zylinder** *m* [tsiˈlɪndɐ]

14 **Pyramide** *f* [pyraˈmiːdə]